Die Abenteuer von Lups und Spotty

Ein Beitrag zur Gewaltfreien Kommunikation

von Gitta Zimmermann
und Vivek Kumar Singh Bodhisatva
mit Bildern
von Christiane Lesch

SchneiderEditionen

Hallo zusammen, mein Name ist Spotty!

Ich bin eine Giraffe und mag den Umgang mit jungen Menschen. Und das ist mein Freund Lups, ein Wolf, er drückt sich nicht immer so klar aus und manchmal schreit er und beschimpft andere. Manchmal sind wir nicht gleicher Meinung, aber im Grunde verstehen wir uns gut.

Ich werde euch jetzt ein bisschen über unser Leben und unsere immer stärker werdende Freundschaft erzählen. Manchmal tanzen wir sogar zusammen. Los geht's!

Die Gewaltfreie Kommunikation

Letzte Woche sagte Lups zu mir: «Spotty, du bist so langweilig und faul. Lass uns doch ein paar Äpfel im Nachbargarten klauen.»

Ich fragte ihn, ob er ein Abenteuer erleben möchte.

«Ja, klar! Du kommst nie mit, wenn ich beim Nachbarn Äpfel stibitze», rief Lups.

«Ok, ich sehe, du möchtest Spaß haben und ein Abenteuer erleben.»

«Ja, ja, ja, ich möchte diese Aufregung spüren.»

«Lups, ich bin ein bisschen besorgt, und ich möchte die Wünsche von allen respektieren. Ich bin ehrlich, denn ich würde gerne eine andere Art von Abenteuer erleben. Ganz in der Nähe ist ein Fluss mit einer Brücke, die ziemlich verrottet ist, aber wir können es hinüber schaffen. Da ich sehr groß bin, kann ich dir helfen. Auf der anderen Seite gibt es total leckere Beeren. Was meinst du?»

«Mmmm. Ist das gefährlich?»

«Nun ja, wenn wir ins Wasser fallen, werden wir nass. Aber es ist nicht sehr tief. Ich möchte auch Abenteuer erleben, aber ich möchte dabei nicht mein Leben riskieren. Lass uns zur Brücke und Beeren suchen gehen.»

Hast du bemerkt, wie ich spreche und dabei die Bedürfnisse in den Vordergrund stelle? Diese Sprache nennt man GFK (Gewaltfreie Kommunikation), und ich nenne sie die Sprache des Herzens, weil man mit ihr direkt von Herz zu Herz spricht.

Mir macht es sehr viel Spaß, in der Gewaltfreien Kommunikation zu sprechen. Es hilft mir, mein Leben und das von anderen wunderbar zu gestalten. Möchtest du dein Leben auch so gestalten? Dann mach doch mit! Die GFK ist eine Methode und eine besondere Art, mit anderen Menschen umzugehen. Sie geht davon aus, dass alles, was Menschen tun, auf einer inneren Motivation beruht, den sogenannten Bedürfnissen.

Erfunden wurde sie von Marshall B. Rosenberg, er hat es geliebt, mit anderen mithilfe der GFK zu kommunizieren.

Wenn du etwas isst, möchtest du wahrscheinlich deinen Hunger stillen; und dazu brauchst du etwas zu essen.
Wenn du jemanden fragst, ob er dir bei den Hausaufgaben helfen kann, brauchst du Unterstützung.
Wenn du nach deinen Freunden Ausschau hältst, möchtest du Gemeinschaft und suchst deine Gruppe.
Wenn du spazieren gehst, brauchst du deine Freiheit und möchtest Ruhe.

Bedürfnisse sind: Sicherheit, Vertrauen, Respekt, Hunger, sich kümmern, zu geben, zu spielen, Spaß, Abenteuer, zu lernen, Erholung, Mitgefühl, zu teilen, dazuzugehören.
Wenn Spotty also sagt: «Ok, ich erkenne, du möchtest Spaß haben und ein Abenteuer erleben», versucht sie, Lups' Bedürfnisse herauszufinden. Sobald Lups seine Bedürfnisse hört, fühlt er sich verstanden und kann sich entspannen.
In der GFK geht es um Bedürfnisse. Die Giraffe denkt nicht in Kategorien wie gut oder böse, fair oder unfair, richtig oder falsch. Sie schaut auf die Bedürfnisse hinter der Handlung oder den Worten. Damit kann alles als Erfüllung eines Bedürfnisses erkannt werden.
Bedürfnisse sind universell. Das heißt, jeder Mensch auf der Erde kennt und hat sie. Egal, aus welchem Land er kommt oder welche Hautfarbe er hat. Und alles, was wir tun, sind Strategien, um unsere Bedürfnisse zu erfüllen.

Zusammengefasst kann man sagen, die Menschen, die GFK anwenden, haben für sich erkannt, wie man andere besser verstehen kann und einen Konflikt so zu lösen, dass beide Seiten gewinnen.

Die Katze Minka

Nachdem wir am anderen Ufer Früchte gegessen hatten, sind Lups und ich noch eine Weile spazieren gegangen.

«Oh, schau mal Spotty, da ist die doofe Katze Minka. Der werde ich jetzt mal beibringen, dass man mir gegenüber Respekt zeigen muss!»

Spotty schaute Minka an und verstand nicht, warum Lups so sauer war. Bevor sie fragen konnte, was denn das Problem ist, sprang Lups schon über den Zaun zu Minka. Minka versuchte Lups davon zu jagen, aber Lups wusste, dass er stärker war.

«Ich werde dir zeigen, was mit jenen passiert, die mir keinen Respekt zollen!», schrie er und nahm Minka ihr Futter weg.

«Du gemeiner Dieb! Niemand respektiert einen Dieb! Egal, wie stark du bist!»

Spotty ging zu Lups. «Hey, was ist denn los? Bist du wütend?»

«Darauf kannst du wetten, dass ich wütend bin! Sie hat mir gegenüber keinen Respekt gezeigt! Alle Tiere hier im Dschungel müssen mir gegenüber Respekt zeigen!», rief er mit vollem Mund.

«Ok, ich sehe, du bist wütend und möchtest gesehen werden und außerdem jemand Wichtiges sein?»

«Klar! Ich bin Lups! Das bin ich!», rief er aufgebracht und klopfte sich mit der Pfote auf seine Brust.

«Und woher weißt du, dass sie dich nicht respektiert?»

«Als ich letzte Woche auf sie zugegangen bin, hat sie mich nicht gegrüßt und sich einfach weggedreht! Und das macht mich total wütend, weil Minka mich zu grüßen hat, wenn ich komme! Niemand sollte sich in meiner Gegenwart so benehmen!»

Minka antwortete: «Aber ich habe dich doch gar nicht gesehen! Ich grüße immer, wenn ich jemanden sehe! Allerdings sind meine Augen am Tag nicht so gut. Ich kann viel besser in der Nacht sehen.»

«Da siehst du es, Lups. Es war einfach ein Missverständnis», erklärte Spotty. «Es ist sehr wichtig, zu prüfen, was wir wirklich wahrnehmen und nicht unsere eigene Geschichte dazu zu interpretieren, andere nicht zu beurteilen oder zu bewerten. Minka hat dich einfach nicht gesehen!»

«Oh ...», sagte Lups zögerlich und gab Minka ihr Futter zurück, zumindest das, was er noch nicht gefressen hatte. Die Katze war glücklich, überhaupt etwas von ihrem Futter zurückzubekommen.

«Lups, ich habe dich nicht mit Absicht nicht gegrüßt. Ich habe dich einfach nicht gesehen. Sag doch das nächste Mal etwas. Meine Ohren funktionieren auch am Tag sehr gut!»

Spotty: «Lups, möchtest du diese andere Art zu reden kennenlernen?»

Lups: «Klar, aber mach schnell, ich habe immer noch Hunger.»

Spotty: «Ok, du sagst: ‹Das macht mich wütend, weil Minka sich in meiner Nähe benehmen soll!› Du bist wütend, weil Minka etwas ‹falsch› gemacht hat. Ich formuliere das etwa anders: ‹Ich bin wütend, weil ICH etwas brauche. In diesem Fall: Ich möchte gesehen werden.›

Ich bin ..., weil ich ..., und nicht:
Ich bin ..., weil Du ... gemacht hast. Nicht überkreuz wie ein X!

Also sagst Du: ‹Ich bin wütend, weil ich gesehen werden möchte.
Ich fühle mich ..., weil ich etwas möchte.›

Oder ich frage Dich: ‹Fühlst Du Dich, weil Du möchtest ...? Das ist alles in Dir drin. Du fühlst etwas, weil Du etwas möchtest.›

Kannst du den Unterschied erkennen?

Ich fühle ... ⇢ weil ich ... brauche, und
Du fühlst ... ⇢ weil Du ... brauchst.
Nicht: ich fühle ... ⇢ weil Du ... gemacht hast!

Wenn ich sage: ‹Ich fühle ..., weil ich möchte ...›, dann habe ich die ganze Macht für die Veränderung.

Ich habe die Erfahrung gemacht, dass ich andere besser motivieren kann, mir zuzuhören, wenn ich sage, was ich möchte, ohne die anderen anzugreifen oder ihnen einen Vorwurf zu machen.

Hast du Lust, das mal auszuprobieren? Lass uns mit einer Beobachtung anfangen.»

Lups könnte sagen: «Du hast meine Pausenbrotbox gestohlen!»

Ich würde sagen: «Ich habe meine blaue Pausenbrotbox, auf der mein Name steht, in deiner Tasche gesehen.»

Spotty versucht, die Situation so genau wie möglich zu beobachten, wie mit einer Kamera. Das Beobachten hilft ihr, eine Unterhaltung ohne Vorwurf oder Vorurteil zu führen.

Lups bewertet und beurteilt eine Situation. Wölfe sind sich ihrer Gefühle und Bedürfnisse oft nicht bewusst, weil sie ihre Zeit nutzen, um zu analysieren und zu beurteilen, was um sie herum geschieht.

Wölfe und Giraffen sind sehr unterschiedlich, dennoch liegt keiner richtig oder falsch.

Beide stecken in uns, und sie zeigen zwei verschiedene Arten, sich auszudrücken. Ich sehe den Wolf nicht als Feind, sondern als Impuls zu wachsen und immer mehr Selbstverantwortung zu übernehmen. Die Giraffe sucht nicht nach Lösungen, die sich an Fakten orientieren. Sie sucht immer – durch das Ausdrücken von Gefühlen und Bedürfnissen – nach einer Verbindung zum Herzen.

Eines Tages gingen Lups & Spotty durch den Wald ...

Der Konflikt mit den Krähen

«Sag mal Lups, hast du Lust, unseren Spaziergang in Gewaltlosigkeit weiter zu gehen?»

«Nö, ich habe heute Lust zu kämpfen!»

Er nahm seine Pfoten hoch und begann, die Luft mit Hieben zu attackieren, dabei heulte er:

«Wer traut sich, gegen mich zu kämpfen? Mir ist langweilig, und ich will mich mit jemandem kloppen. Kommt her, wenn ihr euch traut!»

Spotty drehte sich um und ging ein bisschen weiter. Es kam niemand zu Lups, deshalb kämpfte er immer noch gegen die Luft. Nach einer Weile rief er: «Mir ist langweilig, und alle ignorieren mich!»

Plötzlich flog ein großer Schwarm Krähen auf ihn zu.

«Da ist dieser schreckliche Wolf, heute kriegen wir ihn! Lasst uns erst seine Augen auskratzen, und dann zerfetzen wir ihn!»

Lups war schockiert und fing an, sich zu verteidigen. Er sprang hoch, griff sich eine Krähe, biss sie und jagte dann die nächste, bis sie auf dem Boden lag. Aber die Krähen griffen Lups weiter an.

«Spotty, kannst du mir helfen?!», rief Lups.

Es ging alles so schnell, dass Spotty nicht sofort zur Stelle war. Nun rief sie: «Stopp!», und stellte sich zwischen die Krähen und Lups.

Alle sahen sie erschöpft an.

«Was ist hier denn los? Könnt ihr mal kurz aufhören zu kämpfen? Sagt mal, wie geht es euch jetzt, nach diesem Kampf?»

Eine Krähe antwortete: «Mir tut alles weh, und ich kann meinen linken Flügel nicht bewegen.»

Lups: «Ich bin schockiert, ausgelaugt und total erschöpft. Ich will aufhören, denn ich wollte ja nur zum Spaß ein bisschen kämpfen, aber dann haben die plötzlich Ernst gemacht!» Er zeigte auf die Krähen.

Spotty: «Ok, nachdem es allen hier so weit gut geht – gibt es etwas, was irgendjemand hier braucht?»

Die älteste Krähe sprach: «Mir reicht das hier, meistens passiert so etwas ohne Grund. Das letzte Mal, als wir uns getroffen haben, hat der Wolf den Kadaver von der Straße gefuttert, den WIR gefunden hatten. Ich möchte einfach nur in Ruhe leben.»

Lups: «Und ich wollte mal wieder ein bisschen Spaß, aber niemand war hier. Neulich habe ich auf der Straße einen Kadaver entdeckt und ihn gefressen. Seht mal, wie dürr ich bin. Jetzt fühle ich mich einfach nur missverstanden.»

Spotty: «So, du fühlst dich also frustriert, möchtest Spaß haben und wenn möglich genug zu fressen?» Lups nickte.

«Lups, kannst du mal einen Moment in dich hineinhören: Wenn du denkst, dass du missverstanden wirst, wie fühlst du dich dann?»

Er antwortete leise: «Ich fühle mich ziemlich einsam.»

So hilft Spotty nach und nach allen Tieren, herauszufinden, was sie fühlen. Denn das ist der zweite Schritt in der neuen Art miteinander zu reden – der Gewaltfreien Kommunikation.

In der GFK unterscheiden wir zwischen echten Gefühlen, wie traurig, glücklich, frustriert oder wütend, die in uns stecken, und solchen, von denen wir nur denken, es seien Gefühle, wie ignoriert, manipuliert, missverstanden, vernachlässigt. Wenn du dich vernachlässigt fühlst, wie geht es dir dann tief in dir? Bist du einsam, traurig oder verwirrt? Diese Gefühle drücken wir in der GFK aus.

Es ist einfach, zwischen Gefühlen und Gedanken zu unterscheiden, wenn du versuchst, die Worte als Pantomime darzustellen. Versuch mal, traurig, glücklich oder ängstlich zu zeigen. Das können die anderen leicht erraten. Dagegen wird ein Wort wie «missverstanden» nicht von den anderen erraten werden können, weil es ein Gedanke ist.

Es gibt keine guten oder schlechten Gefühle. Also im ersten und zweiten Schritt sagen wir: Wenn ich die blaue Brotbox mit meinem Namen in deiner Tasche sehe, bin ich enttäuscht. Das ist Beobachtung und Gefühl.

Dank der GFK weiß ich, dass alle Menschen versuchen, bei allem, was sie tun, ein Bedürfnis zu befriedigen. Nichts ist gegen einen anderen gerichtet.

Schuldgefühle, Scham und Wut basieren auf Gedanken: Schuldgefühle (Ich habe etwas falsch gemacht.), Scham (Mit mir stimmt etwas nicht.). Sie basieren auf Gedanken von richtig und falsch. Dahinter stecken Urteile und Gedanken über sich selbst (wie etwa Eifersucht).

Wenn ich glaube, ich sei unwichtig, könnte ein mögliches Gefühl sein, dass ich traurig oder entmutigt bin, weil ich wahrgenommen werden möchte. Ich möchte Kameradschaft, ich möchte etwas bedeuten, ich wünsche mir Verbundenheit. Dabei ist unwichtig, was ich denke oder wie der andere mich beurteilt.

Wenn ich denke, dass ich missverstanden werde, könnte ich mich ängstlich oder ärgerlich fühlen, weil ich Verständnis und Nähe brauche.

Wenn ich glaube, dass ich ignoriert werde, könnte ich mich verletzt oder frustriert fühlen.

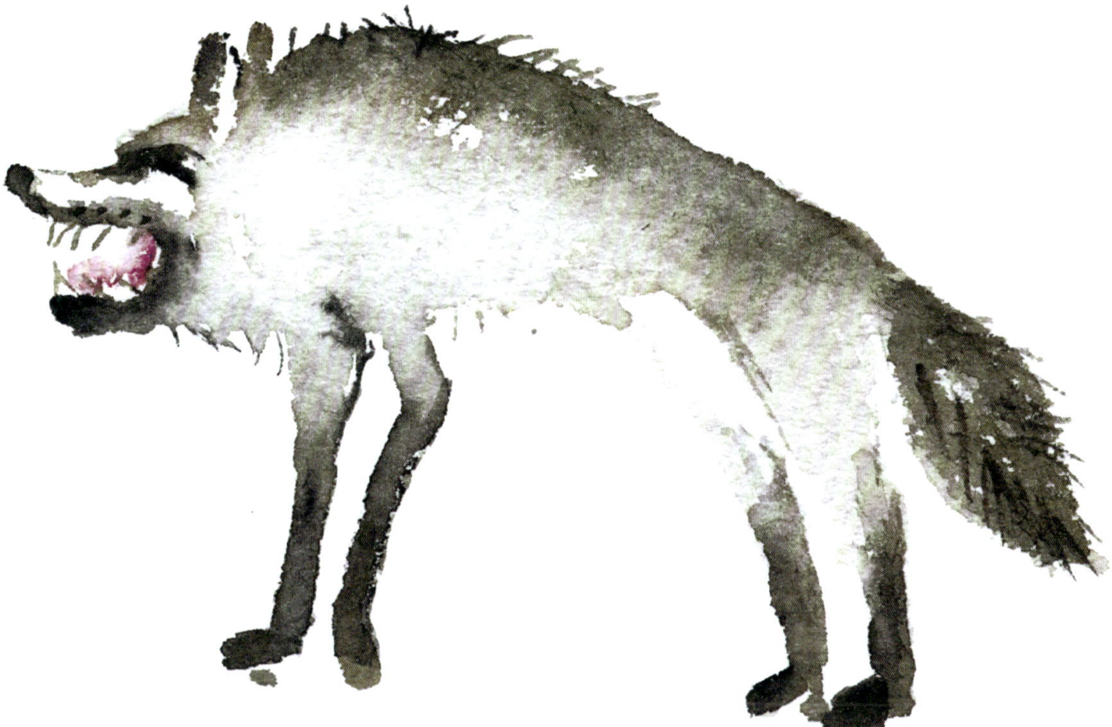

Einige Tage später sieht Spotty, wie Lups eine große Truhe vor sich herschiebt …

Die Truhe der Bedürfnisse

«Lups, was schiebst du da?»

«Ich schiebe die Truhe mit unseren Bedürfnissen darin. Sie ist echt schwer, kannst du mir helfen, und nicht nur dumm rum stehen? Ich möchte mehr über diese Schatztruhe wissen. Spotty, du beschreibst sie, als ob ein Wunder darin wäre.»

«O.k., lass mich zuerst wiederholen, wo wir sind», sagt Spotty.

«In the jungle, the mighty jungle», singt Lups.

Spotty: «Nein, ich meine unsere Art miteinander zu sprechen, die GFK.

Der erste Schritt in der GFK ist die Beobachtung, wie ein Bild, das mit der Kamera aufgenommen wurde. Wenn ich die blaue Brotbox, auf der mein Name steht, in deiner Tasche sehe, dann kommt der zweite Schritt, das Gefühl, dann bin ich enttäuscht. Der dritte Schritt befindet sich in deiner Truhe: die Bedürfnisse.

Hinter allem, was wir tun, steckt ein Bedürfnis. Alle Menschen auf der Erde haben die gleichen Bedürfnisse. Lups, du weißt, dieser Schatz ist für Kinder und Erwachsene, und sie kennen ihn überall auf der Welt: In

Indien, in Afrika, auf den Philippinen, in Europa oder in Amerika, sie alle haben die gleichen Bedürfnisse.

Also sage ich: Ich bin enttäuscht, weil ich einen respektvollen Umgang mit meinen Sachen, meiner Brotzeitbox und meiner Privatsphäre möchte.»

Lups: «Und welches Bedürfnis steckt hinter meinem Handeln, wenn ich deine Brotzeitbox nehme? Das ist doch alles Quatsch, wenn ich deine Brotzeitbox klaue, mache ich das einfach, weil ich dich ein bisschen necken möchte.»

Spotty: «Dann könnte dein Bedürfnis sein, dass du ein Abenteuer erleben oder Spaß haben möchtest? Oder willst du gesehen werden?»

«Oh ja», sagt Lups sanft und leise, «ich will gesehen werden. Ich habe nicht viele Freunde, und ich bin so glücklich, dass wir beide jetzt zusammen sind. Ich bin nicht mehr allein.»

Spotty: «Und ich bin so gern mit dir zusammen, Lups, ich mag deine Art. Und du scheinst neugierig zu sein und mehr über unsere Wundertruhe lernen zu wollen.»

In dieser Stimmung gehen die beiden Freunde weiter, schauen in die Truhe und achten auf die Bedürfnisse, die hinter all ihren Handlungen stecken.

Wenn ich wütend bin, geschieht das nicht, weil DU etwas tust, sondern weil ICH etwas brauche. Bedürfnisse sind unabhängig von einer Person, einem Verhalten, von Zeit und Ort. Ein Bedürfnis ist eine innere Energie, die mir echte innere Kraft gibt, und wenn ich mir meiner Bedürfnisse bewusst bin, geschieht das Wunder in mir. Versuche es selbst!

Ich bin verantwortlich für mich selbst, sonst keiner! Und wenn meine Bedürfnisse erfüllt sind, kann ich mir der Bedürfnisse der anderen bewusst werden, und ich kann zu ihrer Erfüllung beitragen.

Mein Gefühl führt mich zu meinen Bedürfnissen:

Ich fühle …, weil ich … brauche.

Tipp: Wenn ich das Gefühl umkehre, bekomme ich meistens das Bedürfnis dahinter heraus:

– Wenn du dich besorgt fühlst, könntest du dich nach Klarheit oder Unterstützung und Hilfe sehnen.

– Wenn du dich einsam fühlst, könntest du nach Verbindung und Gemeinschaft suchen.

Anstatt also zu sagen: «Es ärgert mich, wenn du mein Buch in der Eingangshalle liegen lässt», sage ich: «Ich bin verärgert, weil ich den Menschen vertrauen und mich auf sie verlassen möchte, egal, was ich ihnen gegeben habe.»

Anstatt zu sagen: «Ich bin enttäuscht, weil du gesagt hast, du würdest mich treffen und hast es nicht getan», sage ich: «Ich fühle mich enttäuscht, weil ich mich so sehr nach Vertrauen und einem Freund sehne.»

Zu Beginn hat Lups gesagt: «Ich fühle …, weil du … getan hast …»

Nun schlägt Spotty vor, zu sagen: «Ich fühle …, weil ich … brauche.»

So wie Lups und Spotty nun miteinander sprechen, besteht eine Verbindung in ihren Herzen, mit Selbstachtung und Respekt für den anderen. Was andere sagen und tun, kann der Auslöser, aber niemals der tiefe Grund für unsere Gefühle sein. Unsere Bedürfnisse sind die Ursache für unsere Gefühle.

In der GFK übernehmen wir die Verantwortung für unsere Gefühle und geben uns auch keine Schuld dafür, was andere fühlen. Wir werden uns auch bewusst, dass wir unsere Bedürfnisse niemals auf Kosten anderer erfüllen können.

Kira, die Schlange

Als Erster nimmt der Elefant seinen Mut zusammen und fragt die Schlage Kira: «Bin ich auf der Liste?»

«Nein, bist du nicht!»

Nervös und enttäuscht dreht er sich um und verschwindet.

Die Neugier von einigen anderen Tieren steigt, und die Gerüchteküche brodelt weiter, wer wohl auf der Liste steht. Sie hören Musik und viel Lachen aus der Ferne. Das Schwein fragt als nächstes Tier, ob es auf der Liste ist.

«Nein, bist du nicht.»

Mit hängenden Ohren und Schwanz geht das Schwein. Nun werden mehr und mehr Tiere nervös. Sie wollen alle auf dieser Liste sein.

Lups und Spotty schlendern vorbei. Lups wird sehr neugierig.

«Was hat es mit dieser Liste auf sich?», fragt er den Elefanten.

«Ich weiß es nicht», sagt der Elefant, «es klingt spannend, aber niemand weiß etwas darüber.»

Also wendet sich Lups an Kira: «Die anderen Tiere reden alle über deine Liste. Und sie wollen auf dieser Liste sein. Nun bin ich neugierig und würde gerne wissen, was es damit auf sich hat. Kannst du mir das bitte sagen?»

«Oh, du bist der Erste, der fragt. Es handelt sich um eine Feier im Garten am Ende der Palmen. Wir haben für diesen Nachmittag eine Musikband eingeladen, sie spielen AC/DC, und wir haben einige Abenteuerspiele vorbereitet. Es gibt leckeres Essen, Äpfel, Bananen, Brot und viele Arten Fruchtsaft.»

Lups läuft das Wasser im Munde zusammen, er fragt: «Kira, kannst du Spotty und mich bitte auf deine Liste setzen, so dass wir jetzt direkt in den Garten gehen können?»

«Ja, klar, kann ich so arrangieren.»

Lups und Spotty schlendern weiter und betreten den Garten hinter den Palmen. Welch ein Wohlgeruch im Garten! Sie hören der Musikband zu, nehmen einen Ball und gehen zum Spielfeld.

Spotty hat schon eine Weile kein Wort gesagt. Nun sagt sie: «Lups, ich wusste nicht, dass du dich mit der Gewaltfreien Kommunikation so gut auskennst. Was du eben gemacht hast, das Fragen, ist der letzte Schritt in der Gewaltfreien Kommunikation. Jetzt bin ich nicht mehr deine Lehrerin, ich bin zufrieden und entspannt. Du kannst dich nun in friedvoller Weise für dich selbst einsetzen.»

Wenn Lups nicht gefragt hätte, ob sie auch auf die Liste kommen, dann hätten sie nicht so viel Spaß an diesem Nachmittag gehabt. Und dieses Fragen oder Bitten um das, was sie wollen, ist der 4. Schritt in der Gewaltfreien Kommunikation.
Also gibt es die Beobachtung, das Gefühl, das Bedürfnis und nun, das ist der letzte Schritt in der GFK, die Bitte.
Wenn ich die blaue Brotbox, auf der mein Name steht, in deiner Tasche sehe, dann bin ich enttäuscht, weil ich einen respektvollen Umgang mit meinen Sachen, meiner Brotbox und meiner Privatsphäre möchte. Kannst du sie mir bitte jetzt zurückgeben?
Wir bitten klar, positiv und konkret um eine Aktion, die unsere Bedürfnisse erfüllen kann. Anstatt zu sagen: «Ich möchte nicht, dass du bei dem Telefonat dabei bist», sage ich: «Bitte verlasse den Raum.»

Es gibt drei Arten von Bitten:

1. Die Bitte um eine konkrete Aktion, wie im Falle der Brotzeitbox, als Beispiel: «Kannst du bitte deine Socken in den Wäschekorb legen?»

2. Die Bitte um Widerspiegeln, ob das, was ich gesagt habe, so bei dir angekommen ist, wie ich es geplant hatte: «Kannst du mir bitte sagen, was du von mir gehört hast?»

3. Die Bitte nach dem Gefühl des anderen: «Wie geht es dir mit dem, was ich dir gerade gesagt habe?»

Wenn ich sehe, dass du diese Woche nicht zum Basketballfeld gekommen bist, bin ich enttäuscht, weil ich das Spielen so sehr mag. «Kannst du bitte am nächsten Mittwochnachmittag zum Feld kommen, und wir treffen uns zu einem Spiel?»
Wenn der andere nun «nein» sagt, dann ist es wichtig, wie ich reagiere. Wenn ich nun sage: «Aber du musst!», dann ist es ein Befehl oder eine Forderung. Ergebnis: keine Verbindung zum anderen. Im Gegensatz zu einer Forderung lässt eine Bitte es offen, sich mit dem anderen zu verbinden, auch wenn er «nein» sagt und seine eigenen Interessen ins Gespräch bringt.
Wenn du deinen Besuch absagst (Beobachtung), bin ich traurig (Gefühl), weil ich mich so sehr nach Gemeinschaft (Bedürfnis) sehne. Bist du bereit, mir mitzuteilen, ob wir uns morgen treffen? (Bitte) Das klingt anders als: «Ich bin traurig, weil du nicht gekommen bist.» Dieser Ausdruck sagt nichts über den Grund meiner Traurigkeit aus.
Das Traurigsein ist das Ergebnis meines unerfüllten Bedürfnisses nach Gemeinschaft und Kameradschaft, und nicht, weil jemand nicht zu Besuch gekommen ist. Es könnte genauso gut sein, dass ich nach dem Nichtkommen glücklich bin, weil ich schlafen oder ein Buch lesen kann.
Nachdem wir über Bedürfnisse geschrieben haben, kommt nun die Bitte dazu, der 4. Schritt in der GFK. In der GFK sagen wir nicht, was die anderen falsch machen, sondern wir bitten um das, was wir wollen.

Gestern hatte Lups ein fantastisches verwestes Aas im Feld gefunden. Er konnte es nicht fressen, weil ein heftiger Sandsturm tobte ...

Lups und der Ärgertanz

Jetzt sieht Lups, wie zwei Geier an seiner Beute herumpicken.

Er ist wütend, ärgerlich und tobt. Er spuckt Feuer, aber die Geier sind einfach nur erstaunt.

Lups: «Seid ihr verrückt, ihr blöden Bastarde! Was macht ihr da!? Das ist mein Platz! Das ist meine Beute! Nehmt euren dreckigen Schnabel weg! Ich habe das gefunden. Ich habe das gestern hier versteckt, und das gehört mir! Bald werdet IHR nur noch lebloses Fleisch sein! Dies sind die letzten Minuten eures Lebens!»

«Warum brüllt der so laut? Ich bin doch nicht taub», meint ein Geier.

«ICH BRÜLLE NICHT! Das ist mein Fressen und ihr stehlt es! Das ist nicht richtig! Das hättet ihr doch sehen müssen! Ihr seid gemein! Ihr seid widerlich! Ihr seid nackter Abfall!»

Der Geier sagt leise zu seinem Freund: «Verstehst du, warum der Kerl so wütend ist? Das Fleisch hat so gut geschmeckt, und nun bin ich richtig satt.»

«Pssst! Sag das nicht so laut, sonst wird er noch wütender.»

Lups: «Worüber sprecht ihr da? Hört mir zu! Ich werde zusammenbrechen, ich bin soooo hungrig!»

Lups wird etwas ruhiger: «Ihr könnt euch nicht denken, wie hungrig ich bin. Gestern konnte ich nicht fressen, weil ein Elefant vorbeikam. Ich habe mich versteckt und bin dann entkommen. Und nun habt ihr meine Beute genommen. Ich bin so hungrig.»

«Das klingt so, als ob du richtig verzweifelt bist und so gerne etwas zwischen deine Zähne bekommen würdest», antwortet der Geier.

«Ja», stöhnt Lups, «ich werde sterben!» Fast fängt er an zu weinen. Er sinkt zu Boden.

«Nein, mein armer Freund, das wirst du nicht. Wir beide hatten so viel von dem Zeug, wir können davon etwas hervorwürgen. So füttern wir auch unsere Jungen. Nun bekommst DU davon. Außerdem ist auch sonst noch etwas übrig, hier schau. Wir wussten nicht, dass du es warst, der das Aas gefunden hat.»

Und schnell beginnt Lups zu fressen.

Spotty hört aus der Entfernung zu, sie weiß, dass Lups nicht verhungern wird, nun meint sie: «Lups, kann ich dir mal etwas sagen?»

«Klar, bitte. Mir geht es jetzt gut. Mein Bauch ist halb voll.»

«Manchmal, wenn ich wütend oder ärgerlich bin, dann möchte ich auch über meinen Ärger sprechen oder ihn manchmal sogar herausschreien. Diese Energie ist in mir, und sie möchte mir mit Nachdruck zeigen, dass ich etwas vermisse. Ich schlucke meinen Ärger nicht herunter, ich drücke ihn in aller Intensität aus.»

Der Trick daran ist, nicht jemand anderen für meinen Ärger verantwortlich zu machen. Noch einmal: In der GFK ist nicht jemand anderes dafür verantwortlich, wenn ich wütend bin, weder die Geier noch irgendjemand anderes. Der Grund für meinen Ärger ist in mir. Das sind meine Gedanken und Bewertungen. Wenn ich mir darüber bewusst bin, dann schaue ich, wonach ich Sehnsucht habe und was ich dringend brauche.

Wenn jemand nicht zu einer Verabredung kommt, dann kann ich frustriert sein, weil ich es mag, wenn die Menschen um mich herum verlässlich sind. Ich bin frustriert, weil ich mich darauf verlassen können möchte, was vereinbart war. Es kann auch folgendes möglich sein: Jemand kommt nicht zu einer Verabredung, und ich habe gleichzeitig den Wunsch, mich zu entspannen, dann bin ich vielleicht glücklich, weil ich nun Zeit und Raum für mich selbst habe.

Außerhalb von mir liegt die gleiche Situation vor – jemand kommt nicht zu einer Verabredung –, meine Reaktionen sind in Abhängigkeit von meinen Bedürfnissen unterschiedlich. So ist es also nicht der andere, der meine Gefühle hervorruft. Er mag mich vielleicht triggern, letztendlich sind aber meine Bedürfnisse der Auslöser für meine Gefühle.

Lups: «Ich habe nie über Ärger nachgedacht. Kannst du mir bitte mehr darüber erzählen?»

Spotty: «Vielleicht magst du dann meinen Ärgertanz?»

Lups: «Du kannst mit deinem Ärger tanzen? Wow! Das möchte ich lernen!!»

Spotty: «So in etwa. So geht mein Ärgertanz, das sind die Schritte:

1. Wenn ich ärgerlich bin, atme ich erst einmal tief durch. Dann schaue ich, ob ich Gedanken und Bewertungen im Kopf habe: Wie gemein ihr doch seid. Ihr solltet euch anders verhalten!

2. Ich spreche diese Bewertungen aus, wenn ich alleine bin. Es könnte sogar sein, dass ich sie herausschreie oder an andere richte, die aber nur in meiner Vorstellung da sind. Ich bekomme so all meinen Ärger aus meinem Körper. Gewaltfreie Kommunikation ist nicht weichgespült, sie ist klar.

3. Dann schaue ich in mich hinein und suche nach meinem Bedürfnis. Zuletzt spreche ich darüber in Gegenwart der anderen, jetzt nicht mehr in meinem Ärger, sondern mit meinem Wunsch, meinem Bedürfnis verbunden.

4. Dann schaue ich, wie ich mein Bedürfnis erfüllt bekomme.

Das gibt mir meine Kontrolle über mich selbst zurück. Wenn ich ärgerlich bin, dann konzentriere ich mich nach außen, was andere anders machen sollten. Mit der Gewaltfreien Kommunikation verbinde ich mich mit mir selbst und bin dann in der Lage, auf mich selbst zu achten und bewusst zu handeln.

Emphatisch sein

«Weißt du was, Spotty, ich muss dir mal etwas erzählen. Ich weiß nicht, ob du mich dann immer noch magst, denn ich war ziemlich fies.»

«Was ist denn geschehen, das dich so betrübt stimmt? Ich höre dir gerne zu.»

«Also, kannst du dich an Minka, die Katze erinnern? Ich hatte die schon früher geärgert. Ich habe ihr Läuse auf den Rücken ins Fell gesetzt, genau dahin, wo sie mit ihren Pfoten nicht hinkommt. Ui, ist die herumgehüpft! Sie hat mit allen vier Pfoten versucht, die Läuse zu fangen. Sie hat sich auf dem Rücken gewälzt, die Pfoten in die Luft gestreckt. Sie hat sich an einem Baum geschubbert. Sie war so in Aufruhr, dass sie sogar in den Teich gesprungen ist, und ich weiß, dass Katzen kein Wasser mögen. Und ich habe mich fast kaputtgelacht.»

«Mmmmh.» Spotty hört weiter zu.

«Und nun fühle ich mich richtig mies. Wie kann ich mich freuen, wenn es Minka so schlecht geht? Mann, oh Mann, ist die herumgeschossen!»

Spotty fragt leise: «Bist du betrübt, weil es dir jetzt wichtig ist, behutsam und rücksichtsvoll mit anderen umzugehen?»

«Ja klar! Aber es war auch lustig!»

«Also hattest du auch etwas Spaß dabei?»

«Klar, und gleichzeitig möchte ich das nicht mehr. Minka hat mir nichts getan.»

«Also möchtest du anders Spaß haben?»

«Ja, sie soll nicht durch mich leiden. Ich bedauere, was ich mit ihr gemacht habe. Das ist zwar schon lange her, aber ich denke, dass ich Minka morgen darauf ansprechen möchte. Ich suche mir jetzt etwas anderes zum Spaß haben.»

«Sag mal, Spotty, was ist denn jetzt los? Warum läufst du in meinen Schuhen herum?»

«Lups, ganz locker bleiben. Wenn ich dir wie eben zuhöre und ganz bei dir bin, dann ist das, als würde ich in deinen Schuhen laufen. Und das habe ich gerade in echt ausprobiert. Ich versuche zu spüren, wie es dir geht und was du brauchst. Du kannst das auch empathisch nennen. Ich nenne es ‹in deinen Schuhen laufen›, und das macht mir richtig Spaß. Ich spüre dich ganz nah. Ich höre dir zu, aber bewerte dich nicht und gebe dir auch keine Ratschläge. Wie ist das für dich, Lups?»

«Oh, ich fühle mich so leicht, als ob wir gleich in meinen Schuhen abheben, Flugschuhe, gibt es das? Kann ich das auch mal bei dir probieren? Ich laufe in deinen Schuhen und höre dir zu?»

«Warte mal, Lups, noch eines: Was du getan hast, ändert nichts an unserer Freundschaft. Ich mag dich immer noch, sehr sogar.»

Lups erhält einen dicken, zarten Nasenstupser von der weichen Giraffennase.

«Und nun erzähle ich dir meine Geschichte, bereit?»

Warum überhaupt Empathie? Probier es aus, vielleicht empfindest du eine ähnliche Erleichterung wie Lups, als ihm empathisch zugehört wurde. Wenn ich empathisch bin, dann frage ich, was gerade jetzt in dir lebendig ist.

Ich kann empathisch mit anderen sein, wie Spotty und Lups, und ich kann mit mir selbst empathisch sein. Dann lausche ich innen auf meine eigenen Gefühle und Bedürfnisse.

Empathie ist meistens ohne Worte. Wenn ich Worte benutze, dann reagiere ich nicht auf Inhaltliches der anderen Person. Vielleicht spiegele ich Gesagtes wider, manchmal sogar eine Frage vom anderen, ohne auf den Inhalt einzugehen.

Ich stelle keine W-Fragen wie zum Beispiel: Was ist geschehen? Warum? Wo? Wann? ...

Wenn du empathisch bist, tue nichts, sei einfach da. Du musst nichts klären oder regeln. Empathie ist eine respektvolle Verbindung mit der Erfahrung eines Gegenübers.

Ich bin offen für das, was auch immer von dir kommt, ohne irgendeine Bewertung, ohne eigene Meinung. Ich schenke dir meine volle Gegenwart. Ich vertraue deiner Selbstverantwortung. Du triffst dich selbst in dir. Ich unterstütze dich – sogar im Schweigen – im offenen Raum um uns herum, so dass du deiner inneren Stimme lauschen, dich selbst spüren, es ausdrücken kannst und deine eigenen Kraftquellen findest. Ich unterstütze dich in der Verbindung zu dir selbst. Du führst mich in deine Welt.

Empathie bedeutet: Du bist nicht alleine, ich bin bei dir, mit meiner Kraft und Präsenz, mit meiner vollen Gegenwart.

Empathie bedeutet nicht: einen Ratschlag geben, eine eigene Geschichte erzählen oder korrigieren ...

Lups & Spotty und die Affen

Lups und Spotty hören Geschrei, Gejaule und Gezeter. Sie sehen, wie ein Haufen Affen wild an einem Seil zieht.

«Was ist denn hier los? Lass uns mal schauen und es herausfinden.»

Ein Affe entdeckt Spotty. Er hat schon gehört, dass es da eine Giraffe im Dschungel gibt, die eine andere Sprache spricht. Seltsam.

«Bist du die Giraffe Spotty? Ich habe schon von dir in der Konflikt-Hotline von WhatsApp gehört. Es heißt, dass du Konflikte löst. Ich bin neugierig – wie ist das möglich? Wir haben hier einigen Ärger. Und ich weiß nicht, wie ich diese Streithähne stoppen kann. Kannst du uns bitte helfen?»

«Ja, ich bin Spotty. Und das ist mein Freund Lups. Wir sind von der anderen Seeseite herübergekommen. Erzählt uns, was hier los ist, bitte beschreibt so genau wie möglich, was passiert ist, ohne Interpretationen.»

Ein Affe mit einem schwarzen Punkt auf der Backe antwortet:

«Der da hat das Seil genommen, um mehr Bananen zu bekommen, und er hat mich grundlos geschubst.»

Er zeigt dabei auf einen Affen mit sehr großen Ohren. In diesem Moment schaltet sich Lups ein:

«‹Grundlos› ist eine Interpretation. Was ist genau passiert?»

«Er hat das Seil genommen, und ich bin hingefallen.»

Spotty: «O.k., und wie fühlst du dich?»

«Verletzt», antwortet der Affe.

«Und wie möchtest du jetzt behandelt werden?»

«Ich möchte mit Respekt behandelt werden.»

«Und um was bittest du?»

«Ich bitte ihn, dass er mir sagt, warum er das getan hat.»

Nun wiederholt Großohr-Affe die 4 Schritte von Backenfleck-Affe:

«Als ich das Seil genommen habe und du hingefallen bist, hast du dich verletzt gefühlt, weil du mit Respekt behandelt werden möchtest. Und du möchtest wissen, warum ich das gemacht habe.»

Spotty fragt den Affen mit einem schwarzen Punkt auf der Backe, der zuerst gesprochen hatte: «Fühlst du dich verstanden?»

«Ja!»

Nun erzählt der Großohr-Affe die Geschichte von seinem Standpunkt aus:

«Als er das Seil genommen hat, auf dem ich stand, bin ich hingefallen und habe mir die Nase aufgeschürft, dann hat sie geblutet, und ich habe Angst bekommen. Ich möchte mich sicher fühlen beim Spielen. Kannst du mir bitte sagen, warum du an dem Seil gezogen hast?»

Nun wiederholt Backenfleck-Affe alle 4 Schritte. Spotty fragt daraufhin, ob sich Großohr-Affe verstanden fühlt.

«Ja, und nun fühle ich mich leicht und zufrieden. Ich kann sehen, dass jeder von uns am Ende nur das Seil wollte, um noch höher auf den Baum klettern zu können. Wir wollten beide noch mehr Bananen haben. Wir hatten aber nur ein Seil. Vielleicht können wir beide Enden des Seils nutzen. Oder wir klettern einer nach dem anderen auf dem gleichen Seil hoch. Egal wie, er ist mein Freund, und ich wollte ihm nicht böse sein. Jetzt ist es o.k.»

Großohr-Affe nickt mit dem Kopf und grinst wie ein Frosch.

Spotty: «Siehst du, so kannst du den Konflikt in ein paar Minuten lösen. So funktioniert das seit vielen Mondaufgängen.»

Lups ist beeindruckt und gleichzeitig immer noch skeptisch:

«Also haben wir von Zeit zu Zeit alle mal einen Konflikt. Wir, als Agenten des Friedens, haben nur eine andere Methode, sie zu lösen?»

Spotty: «Ja, wir alle haben Konflikte. Na klar. Wenn wir friedvoll kommunizieren, heißt das nicht, dass wir keine Konflikte haben. Konflikte sind wie bunte Feuerwerksknaller in unserem Leben. In der Mediation versuchen wir, das Bedürfnis hinter dem Konflikt herauszufinden. In unserem Fall wollte Backenfleck-Affe mit Respekt behandelt werden, und Großohr-Affe wollte Sicherheit, das ist alles. Wenn du das Bedürfnis hinter dem Konflikt findest und ausdrückst – versuche es. Es funktioniert.»

Die Affen brüllen erneut, dieses Mal vor Freude:

«Nun möchten wir euch zu unserem Essen des Tages einladen: geröstete Banane mit Venusfliegenfallen und Rhinozeros-Knödeln.»

Lups und Spotty rufen wie aus einem Munde aus:

«Wie köstlich!»

Hier findest du noch einmal den gesamten Mediationsprozess:

Du brauchst eine Giraffenpuppe, das ist das Symbol für den friedvollen Sprecher. Du brauchst Giraffenohren als Symbol für jemanden, der empathisch zuhören kann. Und du brauchst den Mediator, er hat die Wolfspuppe. Du kannst diese Puppen selbst machen.

«Ha, die Wolfspuppe sieht genauso aus wie du, Lups.»

Lups murmelt: «Ich weiß, dass ich noch lerne, über meine Gefühle und Bedürfnisse zu sprechen, aber ICH BIN KEIN ANFÄNGER MEHR!»

Der Mediator nimmt die Wolfspuppe, um zwischen der Beobachtung und Bewertung zu unterscheiden. Ein Auge von Lups ist fast geschlossen. Er ist immer noch skeptisch.

«Ja, das ist es. Die Wolfspuppe ist ein Symbol für den Lernenden. Die Giraffenpuppe ist das Symbol für den fortgeschrittenen Sprecher. Der Wolf ist nicht besser oder schlechter als die Giraffe. Siehst du, Lups, das ist kein Angriff an dich.» Lups entspannt sich.

Spotty fährt fort: «Wenn du einen Konflikt hast, gehst du zum Mediator. Der Mediator ist einer der Schüler und wird jeden Tag von den anderen Schülern neu gewählt.»

Beide Konfliktparteien gehen in eine Ecke des Klassenzimmers. Der Mediator hat schon die Wolfspuppe und gibt den beiden anderen jeweils die Giraffenpuppe (P) und die Giraffenohren (O).

P mit der Giraffenpuppe beginnt zu sprechen. Der andere, O, hört empathisch zu. Der Mediator fragt den Puppensprecher: «Beobachtung?»

P: «Er hat mich geschubst, und es gab keinen Grund dafür.»

Wenn P keine klare Beobachtung formuliert, dann hält der Mediator die Wolfspuppe als Symbol für eine Interpretation hoch.

P korrigiert: «Er hat mich geschubst, und ich bin hingefallen.»

Mediator: «Gefühle?» P: «Ich fühle mich verletzt.»

«Bedürfnisse?» P: «Ich möchte mit Respekt behandelt werden.»

«Deine Bitte?» P: «Ich möchte wissen, warum er das getan hat.»

O wiederholt alle 4 Schritte: Beobachtung, Gefühl, Bedürfnis und Bitte:

«Als ich dich geschubst habe, bist du hingefallen und hast dich verletzt gefühlt, weil du mit Respekt behandelt werden möchtest. Und du möchtest wissen, warum ich das gemacht habe.»

Der Mediator fragt P, ob er sich verstanden fühlt.

P: «Ja.» Mediator: «O.k., Wechsel.»

Nun bekommt die andere Person die Puppe und erzählt die Geschichte aus ihrer Sicht. Und P wiederholt die 4 Schritte. Am Ende ist der Konflikt schnell gelöst, wenn du dich währenddessen auf Gefühle und Bedürfnisse konzentrierst.

Das Feuer im Dschungel

«Spotty, wenn ich über mein Leben nachdenke, bevor ich dich kannte und jetzt, erkenne ich einen so großen Unterschied! Es ist jetzt viel leichter und einfacher, außerdem bin ich mehr ich selbst, echt! Und selbst wenn ich wütend werde, kann ich damit umgehen und nach innen schauen, um auf mich selbst zu achten! Früher dachte ich: ‹Ich bin selbstbezogen.› Und nun sehe ich, dass ich auf mich selbst achte und dann genauso auf das achten kann, was andere wollen, eins nach dem anderen. Ohne jeden selbstgemachten Druck. Ich mag diese Lebensweise. Ich mag es einfach, nur präsent zu sein, hier mit dir!»

Spotty: «Also bist du dankbar für deine ganze Entwicklung und das, was du bisher erreicht hast?»

Lups: «Ja, das passt: dankbar. Das ist es, was ich bin, und jetzt können wir den Hügel da zusammen runterrollen, schau mal!»

Plötzlich reckt Lups seine Nase in die Luft.

«Spotty, riechst du das auch, es riecht nach verbranntem Holz. Was ist hier los?»

«Ja, tatsächlich, ich rieche es auch. Lass uns nachsehen. Oh, siehst du all das Licht, da ist Feuer im Bambuswald!»

Lups und Spotty rennen auf die brennenden Zweige zu. Ungefähr 30 Elefanten spritzen Wasser aus ihren Rüsseln auf die Flammen. Sie rennen zu einem kleinen Teich und zurück, um immer mehr Wasser auf die Flammen zu gießen.

Lups: «Hinter diesem Wald ist MEIN ZUHAUSE! Was ist passiert? Ich habe Angst. Ich möchte mein Zuhause behalten!»

Ein großer Elefant kommt herbei: «Mach dir keine Sorgen, mein Team hier wird die Flammen unter Kontrolle bringen. Wie du siehst, sind sie alle sehr erfahren und tatkräftig, es ist schon fast geschafft. Dein Zuhause ist in Sicherheit.»

Lups ist erleichtert: «Oh, danke Sir.»

Spotty dreht sich zu Lups um: «Jetzt ist dein Zuhause gerettet, und darüber bist du erleichtert? Und du kannst in deinem Heimatwald bleiben?»

«Ja, natürlich bin ich erleichtert, sie haben meinen Wolfsbau gerettet.»

Spotty: «Und du bist erleichtert, weil da so viele Tiere sind, die dir und den anderen Tieren, die hier leben, helfen? Und das tun sie nur, um anderen zu helfen! Stimmt das so?»

«Ja, ich bin erstaunt – und dankbar, weil ich diese Unterstützung von Tieren bekomme, die ich noch nicht einmal kenne.»

Der Elefant streckt seinen Rüssel aus, Lups und Spotty legen ihre Pfoten drauf. Er sagt mit seiner tiefen Stimme:

«Wir könnten ein Feuerlöschorganisationstreffen ins Leben rufen.»

«Ein was?», fragt Lups verwundert.

«Wir könnten uns von Zeit zu Zeit treffen und gemeinsam Pläne entwickeln, Feuer zu löschen. High five, Pfote an Pfote, an Rüssel und los geht's!»

Lups und Spotty sind einverstanden und machen sich wieder auf den Weg. Sie gehen nebeneinander die bewaldete Steppe entlang.

«Spotty, ich freue mich so sehr, dich zu kennen. Du hast so viele Spuren in meinem Leben hinterlassen. Danke, dass du mit mir hier bist!»

Spotty: «Und ich mag dich genau so, wie du bist. Dich hat der Himmel geschickt.»

Auf dieser Wanderung zeigte uns Spotty, dass die Worte «Oh, danke, Sir!», die Lups zum großen Elefanten sagte, verstärkt werden können. So drücken sie mehr aus als ein «Dankeschön»:

In der Gewaltfreien Kommunikation schildern wir zuerst, was geschah, wir teilen unsere Beobachtung mit. Dann teilen wir mit, welche Bedürfnisse erfüllt sind und als Drittes, wie wir uns damit fühlen. Die Elefanten spritzten Wasser über das Feuer und das Feuer wurde gelöscht (Beobachtung). Lups Zuhause ist gerettet (Bedürfnis nach Sicherheit, Schutz). Er ist erleichtert und dankbar (Gefühl). Wenn du es so ausführlich sagst, wissen die anderen, die es gemacht haben, mehr darüber, warum du dankbar bist. Das hat mehr Aussagekraft.

Und nun wollen wir sagen, dass es uns eine große Freude war, über Lups und Spotty zu schreiben. Und wenn ihr sie mal im Dschungel trefft, dann grüßt sie doch von uns!

Jetzt bitten wir euch, uns Ideen zu weiteren Abenteuern der beiden zu senden. Und wir können euch helfen, sie hier zu veröffentlichen. Was werden die beiden Freunde noch alles erleben, wisst ihr es?

Hier könnt ihr uns erreichen:

Dr. Gitta Zimmermann: dr.gitta.zimmermann@icloud.com

Vivek Kumar Singh Bodhisatva: bodhisatvavivek@gmail.com

ISBN 978-3-943305-58-6

www.schneidereditionen.net